Die Wechselstempelsteuer und ihre Reform.

Eine kritische Studie

von

Dr. jur. Eugen Jacobson.

Berlin 1906.

J. Guttentag, Verlagsbuchhandlung,
G. m. b. H.

Dem deutschen Kaufmann

gewidmet.

Inhalt.

Vorwort.

Die vorliegende Schrift basiert auf einer Reihe von Zeitungsaufsätzen, mit denen ich im vorigen Jahre im „Berliner Tageblatt" einen umfangreichen Feldzug gegen Theorie und Praxis des Wechselstempels geführt habe. Abgesehen von den Erfahrungen, die ich während meiner Tätigkeit im Bankfach machen konnte, war es hauptsächlich ein zuerst im „Berliner Tageblatt" veröffentlichtes Reichsgerichtsurteil — wir begegnen ihm später noch —, das infolge seiner unhaltbaren Rigorosität mir den Gedanken gab, tiefer in die Materie einzudringen. Ein weiteres Moment trat hinzu: Das Gesetz betreffend die Wechselstempelsteuer ist ursprünglich ein Gesetz des Norddeutschen Bundes und besteht seit dem 10. Juni 1869 mit kleinen durch Reichsgesetz vom 4. Juni 1879 getroffenen Abweichungen, also fast vierzig Jahre in unveränderter Gestalt. Ein vor vierzig Jahren geschaffenes Gesetz aber, dessen Substrat der kaufmännische Verkehr bildet, kann in vielen Teilen den heutigen Anforderungen nicht mehr genügen; das liegt an den gewaltigen Veränderungen, die gerade mit dem kaufmännischen Leben in dieser Periode vor sich gegangen sind, mit einem Worte: ein solches Gesetz wird unmodern.[1]) Nicht die Entrichtung der Steuer als solche, sie ist be-

[1]) Das läßt sich auch von der aus derselben Zeit stammenden Wechselordnung sagen; auch hier sind ja Bestrebungen im Gange, Veraltetes auszumerzen.

kanntlich moderner als je; wohl aber die um diesen Zweck herum gebildeten Vorschriften. Es war also mein Ziel, eine Modernisierung des Wechselstempelgesetzes herbeizuführen. Der Handelsstand hat diesem Unternehmen begreiflicherweise das regste Interesse geschenkt, das zeigten die nach Veröffentlichung meines ersten Aufsatzes einlaufenden Zuschriften und Anregungen aus Kaufmannskreisen, die manches Wertvolle enthielten. Nachdem dann verschiedene Handelskammern den Gegenstand aufgenommen hatten, ist auch der Deutsche Handelstag auf den Plan getreten und hat den größten Teil der von mir formulierten Vorschläge zu den seinigen gemacht. Doch der Weg in die Gesetzgebung ist weit, und das Gute braucht anscheinend Zeit sich durchzusetzen, denn seit den Ende Oktober vorigen Jahres gefaßten Beschlüssen des Handelstages verlautet nichts. Zur Förderung der wirklich dringenden Angelegenheit habe ich es für nötig gehalten, auf der Grundlage meiner bereits veröffentlichten Zeitungsabhandlungen nochmals in diesem Rahmen die Situation zu beleuchten, aus der ich meine Reformvorschläge ableite, in der Hoffnung, daß diese, nachdem sie schon von den offiziellen Vertretungen des Handelsstandes adoptiert sind, nunmehr auch den Weg ins Parlament werden zu finden wissen.

Berlin, im Juli 1906.

E. J.

I. Die Theorie des Gesetzes.

Bevor wir zu unserem Hauptthema kommen, betrachten wir zunächst einmal, was das Gesetz selbst im Rahmen unserer Aufgabe für Anforderungen stellt. Es wird sich dabei nicht umgehen lassen, hier schon einzelner Gerichtsentscheidungen und Verfügungen der Behörden Erwähnung zu tun, obwohl diese noch Gegenstand besonderer Erörterungen bilden werden.

Der Wechselstempelsteuer unterliegen alle im Gebiete des Deutschen Reiches kursierende gezogene und eigene (Sola-) Wechsel mit Ausnahme der sogen. Transit-Wechsel, d. h. der vom Ausland aufs Ausland gezogenen sowie der vom Inland aufs Ausland gezogenen, auf kurze Sicht gestellten, vom Aussteller direkt ins Ausland remittierten Wechsel (§ 1 des Gesetzes). Unter mehreren Exemplaren desselben Wechsels ist nur das zu versteuern, welches zum Umlaufe bestimmt ist (§ 8) d. h. zur Indossierung.

Für die Entrichtung der Stempelabgabe haften sämtliche Personen, die an dem Umlaufe des Wechsels teilgenommen haben, solidarisch. Teilnehmer am Umlaufe sind: Aussteller, Akzeptant, Indossant oder sonstiger Garant, jeder, der den Wechsel erwirbt, veräußert, verpfändet, als Sicherheit nimmt, zur Zahlung präsentiert, Zahlung darauf empfängt oder leistet oder mangels Zahlung Protest erheben läßt, ohne Unterschied, ob der Name oder Firma auf den Wechsel gesetzt wird oder nicht (§§ 4 und 5).

Was den Zeitpunkt der Versteuerung betrifft, so ist dafür maßgebend, wann der Wechsel „aus Händen gegeben" wird, das ist der letzte Termin; bei einem inländischen trifft die Verpflichtung den Aussteller, bei einem ausländischen den ersten inländischen Inhaber (§ 6). Der Inländer, der in den Besitz eines nicht oder nicht richtig versteuerten Wechsels gelangt, ist seinerseits zur Versteuerung verpflichtet, bevor er ihn irgend wie unterzeichnet, veräußert, verpfändet, zur Zahlung präsentiert, Zahlung empfängt oder leistet, quittiert, mangels Zahlung protestiert oder „aus Händen gibt" (§ 11). Mit diesem „Aus Händen geben" ist nur ein wechselrechtlicher Akt gemeint: es ist also dem Inhaber wohl gestattet, einem beliebigen Unbeteiligten den Wechsel zur Vornahme der Versteuerung vorübergehend anzuvertrauen,[1]) dagegen wäre es unzulässig, zu girieren ohne zu versteuern und seinen Nachmann (unter Vergütung der Kosten) dazu zu beauftragen. Auch ist in der Retournierung eines Wechsels von seiten des Ausstellers an den Akzeptanten zum Zwecke der Prolongation ein „Aus Händen geben" im Sinne des Gesetzes zu erblicken und daher vor der Rückgabe zur versteuern.[2]) Dagegen trifft das für die Akzepteinholung nicht zu: denn der Aussteller eines inländischen und der erste inländische Inhaber eines ausländischen Wechsels darf den mit einem inländischen Indossament noch nicht versehenen Wechsel vor Entrichtung der Stempelabgabe zur Annahme versenden und präsentieren. Doch muß der Akzeptant vor der Aushändigung seinerseits versteuern (§ 7), und dies auch dann, wenn etwa der Wechsel im Moment der Akzeptation infolge Unvollständigkeit noch gar kein „Wechsel gewesen sein sollte[3]) (§ 16, den Hauptfall bildet das Fehlen der Aussteller-Unterschrift). Den Begriff „Zahlung leisten" hat das Reichsgericht[4]) negativ dahin interpretiert, daß darunter nicht die beim Diskontieren von Wechseln als Valuta gezahlten Beträge als Zahlungen auf die Wechselschuld zu verstehen seien. Das ist wichtig für den Zeitpunkt der Versteuerung bei der Hereinnahme von Wechseln durch den Bankier; seine Verpflichtung beginnt also mit dem Erwerbe jedenfalls noch nicht.

Stempelmarken, die nicht in der vorgeschriebenen Weise verwendet worden sind, werden als nicht verwendet angesehen (§ 14). Die be-

[1]) Entsch. d. RG. in Straff. Bd. 31 S. 274.

[2]) Entsch. d. Kammer-G. v. 23. März 1896.

[3]) Dasselbe gilt für den Aussteller des Sola-Wechsels.

[4]) Urt. v. 28. Januar 1897 (Centralblatt der Abgaben-Gesetzgebung S. 83).

züglichen Vorschriften erläßt der Bundesrat. Die gegenwärtig geltenden[1]) sind sehr ausführlich gehaltene Formalitäten, deren Beobachtung ein hohes Maß von peinlicher Sorgfalt erfordert und deren Verletzung nicht einmal immer von den „am Umlauf Beteiligten" zuverlässig konstatiert werden kann. U. a. wird verlangt: die Marken sind auf der Rückseite der Urkunde und zwar, wenn die Rückseite noch unbeschrieben ist, unmittelbar an einem Rande dieser Seite, anderenfalls unmittelbar unter dem letzten Vermerke (Indossament usw.) auf einer mit Buchstaben oder Ziffern nicht beschriebenen oder bedruckten Stelle aufzukleben.

Die Nichterfüllung der Verpflichtung zur Entrichtung der Stempelabgabe wird mit einer Geldbuße bestraft, die den fünfzigfachen Betrag der hinterzogenen Abgabe ausmacht. Die Strafe ist zu entrichten von jedem Einzelnen, welcher der nach §§ 4—12 ihm obliegenden Verpflichtung zur Entrichtung der Stempelabgabe nicht rechtzeitig genügt hat (§ 15). Wohlgemerkt also: der Betrag für den Stempel kommt nur einmal zur Erhebung,[2]) die Strafe aber x-mal, nämlich in voller Höhe von jedem, durch dessen Hände ein mit Stempelfehler behaftetes Papier unrektifiziert gegangen ist. Auf Grund zahlreicher Gerichtsentscheidungen erfüllt sich der Tatbestand strafbarer Wechselsteuerhinterziehung auch ohne Hinterziehungsabsicht lediglich durch die Tatsache der Nichtbeachtung der für die Entrichtung der Steuer gegebenen gesetzlichen Vorschriften; Vorsatz oder Fahrlässigkeit begründen keinen Unterschied. Und in die Reihe der „Vorschriften" gehören auch die genannten Ausführungsbestimmungen des Bundesrats. Zum Stempelstrafrecht im allgemeinen gehören auch die §§ 275 u. 276 des Strafgesetzbuchs, die für den Wechselstempel jetzt an die Stelle des früheren § 23 WStplG. getreten sind. Sie behandeln den Gebrauch von gefälschten Stempeln, Anfertigung unechter, Verfälschung echter Stempel und die wiederholte Verwendung derselben Marken.

---

[1]) Ausführungs-Bestimmungen des Bundesrats zu §§ 13 u. 14 des Gesetzes v. 8. März 1901 (Centralblatt f. d. Deutsche Reich S. 69).

[2]) FinMinReskr. v. 9. September 1870 (Centralblatt der Abgaben- usw. Gesetzgebung u. -Verwaltung S. 365).

Auch die §§ 267 u. 268 daselbst, die die gewöhnliche Urkundenfälschung behandeln, werden entsprechende Anwendung finden.

Was die Entdeckung von Stempelkontraventionen anlangt, so ist zunächst zu bemerken, daß kein Privatmann eine solche zur Anzeige zu bringen gehalten ist; außer den Steuerbehörden, denen die Beaufsichtigung des Stempelwesens obliegt, haben aber alle Behörden und Beamten, denen eine richterliche oder Polizeigewalt anvertraut ist, Notare und andere Beamte, welche Wechselproteste ausfertigen, die Verpflichtung, die Besteuerung der bei ihnen vorkommenden Wechsel von Amtswegen zu prüfen und die zu ihrer Kenntnis kommenden Zuwiderhandlungen gegen das Gesetz zur Anzeige zu bringen. Bei Protestaufnahmen ist in dem Proteste selbst zu vermerken, ob und mit welchem Stempel der Wechsel versehen war (§ 21).

Endlich sei erwähnt, daß für verdorbene Stempelmarken und für Marken auf verdorbenen Schriftstücken sowie für Marken, die zu Unrecht (also ohne Notwendigkeit) verwendet wurden, unter bestimmten näher bezeichneten Bedingungen Erstattung beansprucht werden kann (Ausführungs-Bestimmungen zu § 22).

II. Die Praxis.

Die fundamentale Bedeutung des Wechselverkehrs liegt auf dem Gebiete des Warenhandels. So ist es von jeher gewesen und so ist es heute. Dem Warenkaufmann dient der Wechsel als Mittel zum Zweck, besonders im Kleinhandel ist er kaum entbehrlich, dergestalt, daß man die vielen Unbequemlichkeiten, die der Wechselverkehr mit sich bringt, in Kauf zu nehmen gezwungen ist und auch ohne weiteres in Kauf nimmt. An die Formenstrenge hat man sich gewöhnt und weiß mit ihr auszukommen. Der Wechsel würde seinen Beruf, dem Kaufmann Geschäftsabschlüsse zu erleichtern, glänzend ausfüllen, wenn der Wechselstempel nicht wäre. Nicht seine Existenz als solche oder seine Höhe; im allgemeinen spielt das ½ vom Tausend, das den Stempel ausmacht, beim Kaufmann keine größere Rolle als Porto- und Depeschenspesen. Aber die Formen, in denen die Steuer zur Erhebung gelangt! Die im vorigen Abschnitt angeführten Gesetzesbestimmungen zeigen ja, welcher Geist sie durchweht; nicht nur Formenstrenge, sondern Formalismus, der infolge der ständigen Bedrohung mit dem fünfzigfachen Betrage seinen unheilvollen Einfluß ausübt. Dieser Formalismus des Gesetzes schiebt sich in die Beziehungen der Kaufleute zu einander hinein und schädigt das Geschäft. Den Zustand, den er hervorruft, illustriert ein Schreiben, das von einem Fabrikanten an den Verfasser nach Veröffentlichung seines ersten Aufsatzes im „Berliner Tageblatt" gerichtet wurde.[1]) Nach Anführung der bezüglichen Vorschriften des Gesetzes sagt er:

---

[1]) Dieses Schreiben wurde auf meine Veranlassung ebenfalls im „Berl. Tagebl." abgedruckt (Nr. 124 v. 8. März 1905). E. J.

. . . „Wie sieht nun die Sache in der Praxis aus? Nachdem der Kunde das ihm eingeräumte Ziel gehörig überschritten, nachdem er wiederholt um Barzahlung gebeten ist und ihm dann wiederholt Wechsel zur Akzeptierung eingesandt sind, kommen endlich die Wechsel an. Kein Handwerker und nur im seltensten Falle ein Kleinkaufmann denkt daran, den Wechsel zu versteuern; der Lieferant ist es gewohnt, sich Porto und alle möglichen Abzüge gefallen zu lassen, und ist froh, endlich Regulierung zu erhalten; die paar Groschen, die man für Stempelung zugeben muß, dürfen keine Rolle spielen.

Sollen nun die Wechsel, die man soeben mit Mühe und Not herausbekommen hat, dem Kunden wieder zurückgesandt werden, weil der Stempel fehlt? Das sieht nach Chikane und Pedanterie aus. Soll jedes Wechselformular, das hinausgesandt wird, mit der Stempelmarke versehen werden? Das würde sehr kostspielig werden. Denn wie schon erwähnt, muß man den Kunden wiederholt um Regulierung bitten, und nur in den seltensten Fällen sendet er dann die Wechsel, so wie sie ausgestellt waren, mit Akzept zurück. Häufig wird der Verfall nochmals hinausgeschoben, die Beträge geändert, und neue Formulare werden verwendet.

Früher habe ich nun die Wechsel versteuert, genau wie das Ausstellungsdatum der Wechsel lautete; da erschien vor längerer Zeit in der Presse ein Hinweis, daß diese Rückdatierung strafbar sei, der Steuerfiskus schon wiederholt dagegen vorgegangen wäre. Nun kassierte ich die Marken an dem Tage, an welchem die Wechsel bei mir eingingen. Da bekam ich von einem auswärtigen großen Fabrikanten, dem ich einige Wechsel in Zahlung gegeben hatte, die Mitteilung, daß er mein Konto für mehrere unrichtig kassierte Wechselstempelmarken belastet habe, weil seine Bank beansprucht, daß Ausstellungs- und Kassationsdatum übereinstimmen. Obendrein setze ich ja, wenn ich richtig kassiere, meine Kunden der Gefahr aus, vom Steuerfiskus bestraft zu werden, weil sie nicht rechtzeit kassiert haben. Häufig bekomme ich auch unversteuerte Wechsel, die schon mehrere Giros tragen. Nach dem Gesetze dürfte ich den Stempel nur nach dem letzten Giro aufkleben, gefährde aber wieder hierdurch meine Kundschaft.

Ich habe mit verschiedenen Kaufleuten und Fabrikanten gesprochen, die haben mich wegen meiner pedantischen Gewissenhaftigkeit ausgelacht; sie versteuern selbstverständlich den Wechsel gleichlautend mit dem Ausstellungstage. Das ist doch ein unhaltbarer Zustand. Der Staat hat einen berechtigten Anspruch darauf, daß Wechsel versteuert werden, und in Fällen, wo die Steuer hinterzogen wird, möge er sich an alle Beteiligten halten und sie in Strafe nehmen. Bei den Wechseln aber, für welche die richtige Steuer bezahlt wird, sollte es ihm doch gleichgültig sein, wer den Betrag entrichtet hat; die Hauptsache bleibt doch, daß der Staat nicht geschädigt wird. Die Wechselstempelsteuer ist doch nicht dazu da, um die Ordnung und Moral unter Kaufleuten und Gewerbetreibenden zu heben. Das ist doch ein eigentümliches Gesetz, das einen Kaufmann zwingt, entweder seine Kundschaft zu chikanieren und sie los zu werden oder das Gesetz zu umgehen und sich der Gefahr auszusetzen, bestraft zu werden; denn das leuchtet doch ein, daß man bei Urkunden und dazu gehörigen Stempeln nur das jeweilige und nicht ein zurückliegendes Datum verwenden darf.

Es ist dringend nötig, diesen Mißstand einmal zum Bewußtsein der Allgemeinheit zu bringen, damit hier schleunigst Abhilfe erfolgt."

Als kurze Zeit darauf ein Anderer das Wort ergriff,[1]) um zu zeigen, wie seiner Meinung nach die Zwangslage vermieden werden könnte, erwiderte darauf wiederum der erste Schreiber treffend:[2])

„Die vom Herrn Einsender erteilten Ratschläge, wie man sich gegenüber den Kunden verhalten muß, welche aus kleinlicher Sparsamkeit die Stempelung unterließen, liefern den bündigsten Beweis dafür, daß diesem für die breiteste Masse bestimmten Gesetze die wichtigsten Eigenschaften mangeln: Einfachheit, Kürze. Verminderung des Schreibwerks ist heute die Losung auf allen Gebieten. Der Kaufmann, der sich aber nach den oben erwähnten Ratschlägen richten wollte, würde nicht nur das Schreibwerk und die Portoausgaben

---

[1]) „Berl. Tagebl." Nr. 139 v. 16. März 1905.

[2]) „Berl. Tagebl." Nr. 169 v. 1. April 1905.

außerordentlich vermehren, er würde auch sehr bald gewahr werden, daß die Kundschaft lieber bei den Lieferanten kauft, welche keine Belehrung über Wechselstempelstrafen erteilen, sondern geduldig die Abgabe selbst entrichten. Derartige bei Handwerkern und Kleinkaufleuten tief eingewurzelte Unsitten kann eben nicht ein einzelner beseitigen, hier muß das Gesetz eingreifen."

Der Verfasser dieser Schreiben hat im Prinzip vollauf Recht, wenn er auch der falschen Meinung ist, daß Ausstellungsdatum und Datum der Markenkassierung übereinstimmen müssen. Das ist zwar ein weitverbreiteter Irrtum, und ständig ist eine große Zahl von Wechseln im Umlauf, die mit diesem — allerdings versteckten — Fehler behaftet sind. Was Rechtens ist, geht ja klar aus dem Gesetze hervor: Der Wechsel ist zu versteuern, bevor ein Geschäft mit ihm gemacht wird oder man sich sonstwie seiner entäußert (Ausnahme: Akzepteinholung). Daß in die Marke der Tag ihrer Verwendung und kein anderer gesetzt werden muß, ist in den Bundesratsbestimmungen (s. S. 11) unter Nr. 5 deutlich gesagt. Man kann also getrost einen Wechsel, den man am 1. Juni ausstellt, ungestempelt in seinem Portefeuille behalten; begibt man ihn aber z. B. am 10. Juni, so wird man ihn an diesem Tage stempeln und muß dann die Marke per 10. Juni kassieren. Oder man schickt ihn am 1. Juni ungestempelt zum Akzept; der Bezogene erhält ihn erst am 2., schickt ihn akzeptiert zurück, genügt aber vorher seiner Steuerpflicht, indem er die verwendete Marke per 2. Juni entwertet. In allen solchen Fällen ist die Verschiedenheit von Ausstellungs- und Kassationsdatum durchaus korrekt. Und das gilt auch von allen den Fällen, die leider recht zahlreich sind, wo das Akzept unversteuert gegeben wird, und die Steuerpflicht auf den Aussteller wieder übergeht.

Diese chronischen Unterlassungssünden auf Seiten der Kleingewerbetreibenden (als Akzeptanten) sowie die ihren Lieferanten (als Ausstellern) daraus entstehenden Schwierigkeiten sind es gerade, die zuerst auch die Aufmerksamkeit der kaufmännischen Interessenvertretungen auf den Hauptschuldigen, das Gesetz, gelenkt haben. Die Handelskammern traten hervor und befürworteten frühzeitig schon eine Änderung des

Gesetzes, wofür allerdings noch andere Momente geltend gemacht wurden. Die erste war die Handelskammer in Hagen. Sie schrieb:[1])

„Der § 6 des Wechselstempelsteuergesetzes bestimmt: Die Entrichtung der Stempelabgabe muß erfolgen, ehe ein inländischer Wechsel von dem Aussteller, ein ausländischer von dem ersten inländischen Inhaber aus den Händen gegeben wird. Diese Bestimmung wird in hiesiger Gegend oft als äußerst lästig empfunden und zwar aus folgenden Gründen: häufig kommt es vor, besonders an kleineren Orten, daß der Aussteller die nötigen Marken nicht zur Hand hat und nicht erhalten kann, wenn die Postanstalten Marken höheren Wertes nicht vorrätig halten. Er muß deshalb erst an die nächste größere Postanstalt schreiben, meistens schickt er jedoch den Wechsel direkt einem Bankhause zu mit der Bitte, ihn nachträglich zu stempeln. Ferner senden viele Geschäftsleute, die mit den vom Wechselrecht vorgeschriebenen strengen Formalitäten nicht recht vertraut sind, die Wechsel an den Bankier und überlassen ihm auch das Aufkleben und Entwerten der Stempelmarken. In jedem dieser Fälle ist die Bank verpflichtet, den Wechsel zurückzuschicken, da sie sich anderenfalls strafbar machen würde. Es liegt hierin nicht allein eine Erschwerung des Wechselverkehrs durch eine rein formale Vorschrift, die Banken laufen auch Gefahr, Kunden zu verlieren, namentlich solche, welche die Rücksendung der Wechsel für eine Kleinlichkeit der Bank halten. . . . ."

Und in ganz ähnlichem Sinne äußerte sich die Potsdamer Handelskammer:[2])

„In Warengeschäften, speziell in solchen, die viel mit Kleinkaufleuten und Handwerkern in Verbindung stehen, gehen häufig akzeptierte Wechsel ein, die entgegen der ausdrücklichen Bestimmung des Wechselstempelgesetzes vom Akzeptanten nicht gestempelt sind. Die Empfänger solcher Wechsel können diese aus vielfachen Gründen ihren Kunden zum Zwecke der Stempelung nicht zurückgeben. Teils sind sie froh, das Akzept überhaupt in Händen zu haben, teils fürchten sie, daß der Kunde sie deswegen als Chikaneure ansieht und die Verbindung mit ihnen löst, da der

[1]) Vgl. „Handel und Gewerbe" Nr. 26 v. 25. März 1905 S. 530.

[2]) „Handel und Gewerbe" Nr. 32 v. 3. Juni 1905 S. 657.

Kleinkaufmann vielfach von dem Gesichtspunkt ausgeht, daß es sich hierbei lediglich um die Frage handle, wer die Kosten tragen solle. Er weiß nicht oder will nicht wissen, daß er eine Hinterziehung begeht. Stempelt der Empfänger, der meistens als Aussteller figuriert, solche Wechsel nachträglich und kassiert die Marke unter Rückdatierung mit dem Datum des Ausstellungstages, so hat auch er sich hiermit strafbar gemacht. Doch werden diese Straftaten nur in seltenen Fällen verfolgt werden können. Will der Aussteller auch die Möglichkeit einer Strafverfolgung vermeiden, so kassiert er die Marke mit dem Datum des Tages, an dem ihm der Wechsel zugeht. Damit gibt er unter Umständen wieder seinen Kunden, den Akzeptanten, einer Strafverfolgung preis. Wir sehen hierbei von Fällen ab, wo Aussteller und Akzeptant am selben Orte wohnen und die Übergabe des akzeptierten Wechsels an den Aussteller am Ausstellungstage erfolgt. Auch ist zu beachten, daß der Kassierungsvermerk des Stempels als nicht notwendig das Datum der Ausstellung zu tragen braucht. Denn der Akzeptant, der an einem anderen Orte als der Aussteller wohnt, wird vielfach die ihm zum Akzept übersandte Tratte an einem späteren als dem Ausstellungstage akzeptieren. . . . . ."

Die von den Handelskammern betonten Punkte sind nun aber nicht die einzigen, in denen die gegenwärtige Gesetzgebung das Geschäft mit Nachteilen bedroht. Die weitaus größte Zahl der Wechsel gelangt vor Verfall in die Hände der Banken, die ihrerseits dann den Einzug besorgen. An diesen Stellen ist man mit den Finessen des Stempelrechts besser vertraut, und jede Unregelmäßigkeit wird für gewöhnlich sofort festgestellt, und ein fehlerhafter Wechsel dem Kunden zurückgeschickt. Das ist zwar peinlich, aber nicht zu umgehen. Doch ist hier eine Zwangslage denkbar, die sogar nicht selten eintritt. Wird nämlich der Bank solch ein fehlerhaftes Papier kurz vor Verfall zum Inkasso remittiert, so gerät sie mit ihren Entschließungen, wie sie sich verhalten soll, zwischen Scylla und Charybdis: entweder sie versteuert rite, um wenigstens nicht selbst straffällig zu werden und präsentiert zur Zahlung, dann gefährdet sie ihren Vormann, indem sie ihn der Stempelstrafe aussetzt; oder aber, wenn sie das vermeiden will und retourniert den Wechsel, so drohen durch das Hin und Her Unmöglichkeit rechtzeitiger Präsentation, Versäumung der Protestfrist und bestenfalls Zinsverlust. In der Regel wird sie sich wohl für die erste Alternative als das kleinere Übel entscheiden müssen: denn erstens ist die Entdeckungsgefahr im Augenblick noch nicht akut, sondern wird es erst, wenn der Wechsel in die Hände von Amtspersonen gelangt, z. B. dadurch, daß er nach der Nichteinlösung protestiert oder eingeklagt werden muß, und außerdem kann die Stempelstrafe, trotz ihrer absoluten Höhe, niemals den Wechselbetrag, dessen Verlust eventuell in Frage kommt, erreichen.*) Unerfreulich und gefährlich bleibt eine solche Situation natürlich trotzdem.

Wie ernst man übrigens im Bankgeschäft die Stempelpflicht nimmt, ist jedem Eingeweihten bekannt. Tut man doch in dieser Hinsicht eher zu viel als zu wenig. Es sei nur daran erinnert, daß der Steuerapparat hier jedesmal in Bewegung gesetzt wird, schon sobald ein Appoint ins Haus kommt — das Gesetz verlangt die Versteuerung doch erst, wenn das Papier aus den Händen gegeben wird — und daß sogar Wechsel auf die Bank selbst, die ihr bei Fälligkeit zur Gutschrift remittiert werden, die also das Haus nicht mehr verlassen, nötigenfalls in Gemäßheit des Gesetzes noch mit Stempelmarke versehen werden, obwohl eine Zuwiderhandlung in solchem Falle der Gefahr der Entdeckung kaum ausgesetzt ist. Dieses ganze Verfahren ist nur zu billigen; denn besonders im Großbetriebe muß die Detailarbeit schematisch vor sich gehen, und im Interesse einer geordneten Arbeitsteilung wäre eine andere Art der Handhabung garnicht tunlich. Anderseits hat eine Denunziation gar manchem schon böse Streiche gespielt. Eine Ausnahme macht man bisweilen bei den sogen. Depot-Akzepten, d. h. solchen, die auf Grund eines Kreditverhältnisses, auf Sicht lautend, vom Schuldner dem Gläubiger (der Bank) gegeben werden mit der Nebenabrede, daß sie erst präsentiert werden dürfen, wenn der Schuldner mit seiner Rückzahlungspflicht in Verzug geraten sollte. Man will hier den Stempel — es ist ja meist ein höherer

*) Eine Ausnahme können höchstens Wechsel in Beträgen von weniger als 5 Mk. machen; denn die geringste Steuer beträgt 10 Pf., die geringste Strafe also 5 Mk.

Betrag — besonders deshalb sparen, weil man annimmt, daß es zur Präsentation des Papiers garnicht kommt; und sucht dies durch Weglassung seiner Unterschrift (des Ausstellers) zu erreichen. Das ist aber nicht zu empfehlen, einfach aus Rücksicht auf den Azkeptanten, der wieder einmal in seiner Unkenntnis ohne Stempel akzeptiert hat, was er auch in einem Falle wie diesem nicht darf (§ 16 d. Ges., s. S. 10) Sobald man nämlich seine Ausstellerunterschrift vollzieht, macht man den Akzeptanten straffällig — und die Notwendigkeit, den Wechsel zum Zwecke der Präsentation zu vervollständigen, liegt ja immer im Bereiche der Möglichkeit, da ja sonst die Hingabe des Akzeptes ganz würde unterbleiben können. Darum verwende man in der Bank, wenn schon unversteuert akzeptiert worden ist, den Stempel sofort, um nicht in der Zeit zwischen der Empfangnahme des Papiers und der eventl. nötig werdenden Präsentation der revidierenden Steuerbehörde Anhaltspunkte für eine spätere (berechtigte) Strafverfolgung gegen den Akzeptanten, der doch Kunde der Bank ist, zu liefern.

Die Darlegungen dieses Abschnitts zeigen, wie wenig sich die Bestimmungen des Gesetzes für das kaufmännische Leben eignen, da sie Zumutungen und Ansprüche stellen, die über das, was das Gesetz zu fordern berechtigt ist, weit hinausgehen und mit seinem Zweck gar nichts zu tun haben. Ist es in der Hauptsache die Rigorosität des Gesetzes selbst, so wird diese doch erst durch die Art seiner Handhabung von Seiten der Verwaltungsbehörden sowie durch die Entscheidungen der höheren Gerichte in das richtige Licht gesetzt.

III. Die Rechtsprechung.

Wie bereits erwähnt wurde, wird die Verletzung der Vorschriften des Wechselstempelgesetzes wie der Ausführungsbestimmungen schlechtweg als Hinterziehung aufgefaßt, gleichviel ob Vorsatz, Fahrlässigkeit, Unkenntnis oder dgl. die Ursache sind. Man hat das Vergehen deshalb Formaldelikt genannt. Es ist zuzugeben, daß diese Konstruktion dem Wortlaut und Willen des Gesetzes entspricht, denn § 15 bedroht die Nichterfüllung der Verpflichtung zur Entrichtung der Stempelabgabe mit einer Geldbuße, die dem fünfzigfachen Betrage der hinterzogenen Abgabe gleichkommt. Die Entscheidungen der Gerichte, die sich hieran halten, sind also keineswegs Fehlsprüche. Doch haben sie sich verleiten lassen — in erster Reihe das Reichsgericht, und dieses vielfach im Widerspruch mit den unteren Instanzen —, den Begriff des Formaldelikts auszudehnen weit über den Rahmen des Gesetzes hinaus und so Konsequenzen zuzulassen, die teils unjuristisch, teils praktisch undurchführbar sind. Einige Beispiele mögen das erläutern.

In dem Urteil des Reichsgerichts vom 21. Oktober 1904 (Entsch. i. Straff. Bd. 37 S. 393) wird der Grundsatz aufgestellt: Für die Nichtversteuerung des von einer Aktiengesellschaft erworbenen und demnächst aus den Händen gegebenen Wechsels sind alle Vorstandsmitglieder strafrechtlich verantwortlich, auch wenn sie persönlich an der Weiterbegebung des Wechsels nicht beteiligt gewesen sind.

Diese Auffassung verstößt nicht nur gegen ein früheres Urteil desselben Senats (Entsch. i. Straff. Bd. 24 S. 226), sondern auch gegen jedes Billigkeitsprinzip, das gerade in solchem Falle auch vom Wechselstempelgesetz nicht unbedingt ausgeschaltet ist. Die strafrechtliche Norm, daß Strafe nur der erleiden darf, der die mit Strafe bedrohte Handlung auch wirklich begangen hat, findet sich bei den Steuergesetzen allerdings durchbrochen, in diesem Urteil aber in noch weit höherem Maße. Ein Delikt kann nur von einer physischen Person verübt werden, nicht von einer juristischen; bei einer Aktiengesellschaft sind die Träger des Willens ihre Vorstandsmitglieder, sie werden also auch als strafrechtlich verantwortlich angesehen für Handlungen, die man geneigt wäre, als von der Gesellschaft begangen zu betrachten. Dies ist der Ursprung der Vorschriften des § 45 des Reichsstempelgesetzes (Börsensteuer) und des § 17 Absatz 6 des Preußischen Stempelsteuer-Gesetzes (Urkundenstempel), nach denen die Strafen bei Aktiengesellschaften gegen die Vorstandsmitglieder verhängt werden, jedoch mit der Maßgabe, daß die Strafen nur im einmaligen Betrage, aber unter Haftbarkeit jedes einzelnen Vorstandsmitglieds als Gesamtschuldner festzusetzen sind. An einer analogen Bestimmung des Wechselstempelgesetzes fehlt es gänzlich. Die angeführten Vorschriften sind — man muß es zugeben —, wenn auch vielfach unbillig, so doch erträglich. Die Durchbrechung des strafrechtlichen Prinzips, von der auch sie affiziert sind, findet ihre Erklärung damit, daß in allen Steuerstrafen ein Mittelding zwischen zivil- und strafrechtlichem Anspruch zu erblicken ist; die Theorie der „Bestrafung“ Unschuldiger wäre gänzlich unhaltbar, wenn Steuervergehen nicht ausschließlich mit Geldstrafe, sondern mit Freiheitsentziehung geahndet würden. Es wäre nun nicht mehr als rationell, wenn in der Handhabung des Wechselstempelgesetzes, das gar keine Bestimmung darüber trifft, wie gegen eine Aktiengesellschaft zu verfahren ist, Strafbeträge gegen sämtliche Vorstandsmitglieder unter solidarischer Haftung der Einzelnen festgesetzt, jedoch ebenfalls nur im einmaligen Betrage erhoben würden. Jedenfalls enthält das Gesetz nichts, was diese Konstruktion unmöglich machen würde. Zu Unmöglichkeiten aber führt die Auffassung des Reichsgerichts: denn nach ihr wäre es nur folgerichtig, bei einer großen Aktiengesellschaft mit zahlreichen Vorstandsmitgliedern und mehreren Niederlassungen die Strafen auch gegen auswärtige Direktoren und schließlich sogar gegen solche, die zur Zeit der Begehung noch garnicht im Amte waren, zu erkennen, da persönliches Wissen und Teilnahme an dem die Kontravention begründenden Akte nicht Voraussetzung der Strafbarkeit sein sollen.

Im allgemeinen sollte man davon ausgehen dürfen, daß der Firmeninhaber als solcher die Strafe zu tragen hätte. Das Gesetz sagt in § 15: „Die Strafe ist besonders und ganz zu entrichten von jedem, der der . . . Verpflichtung zur Entrichtung der Stempelabgabe nicht rechtzeitig genügt hat . . .“ Die Verpflichtung zur Entrichtung der Abgabe aber trifft den Inhaber als solchen in Gemäßheit des § 11 des Gesetzes. Die Rechtsprechung hat aber auch hier wieder die Strenge des Gesetzes vielfach so weit getrieben, aus der Tatsache, daß ein Wechsel von Prokuristen oder Bevollmächtigten des Firmeninhabers unterzeichnet wird, zu folgern, daß diese Personen an einer Irregularität der Stempelmarke beteiligt gewesen sein müssen, und haben neben dem Geschäftsherrn auch sie zur Strafe herangezogen. Daß die Unterzeichner eines Wechsels in der großen Mehrzahl der Fälle an einem eventuellen Fehler im Stempel schuldlos sind, wird ein jeder zugeben, der den Geschäftsgang, besonders in großen Betrieben, kennt. Dem Prokuristen wird von einem Angestellten oder Lehrling ein Haufen zum Ausgang bestimmter Wechsel zur Unterschrift präsentiert, und der Prokurist setzt auf jeden seinen Namen unter die Firma des Chefs, ohne weitere Einsicht in die Papiere nehmen zu können. Die Prüfung ihrer äußerlichen Ordnungsmäßigkeit liegt ja in der Regel nach der Geschäftseinteilung einem anderen ob. Der Geschäftsinhaber wird auf Grund des Gesetzes auch ohne persönliche Schuld straffällig; dasselbe aber von seinen Mitarbeitern anzunehmen, liegt keine Veranlassung vor. Voraussetzung *ihrer* Strafbarkeit müßte immer eine nachweisbar *vorsätzliche* Handlungsweise sein, und auch in solchen Fällen wären sie nur als „*Gehilfen*“ des eigentlichen „Täters“, ihres Chefs, zu bestrafen: das ergibt sich aus der einzig anwendbaren Gesetzesstelle, § 49 des Strafgesetzbuchs, nach welchem zur Strafbarkeit des Gehilfen erforderlich ist, daß er durch Rat oder Tat wissentlich Hilfe geleistet hat. Unter solchen Umständen könnte sich also auch ein mit der Prüfung der Papiere betrauter Angestellter strafbar machen. Zu beachten ist hier freilich noch, daß nur Beihilfe zu einem (Verbrechen oder) Vergehen bestraft werden kann (§ 49 cit.); ein Vergehen liegt aber nur vor, wenn die Tat mit (Gefängnis oder) Geldstrafe von mehr als 150 Mark bedroht ist (§ 1 StGB.). Ob also bei Verstößen gegen das Wechselstempelgesetz strafbare Beihilfe möglich ist, ist im Einzelfalle Tatfrage.

Noch nach einer anderen Richtung gibt solch eine übertriebene Bestrafung Unschuldiger zu denken. Der Angehörige eines Geschäftsbetriebes, der nach der Judikatur für einen Verstoß gegen das Gesetz persönlich in Anspruch genommen wird, wird geneigt sein, dies als Formalität aufzufassen und die Zahlung der Geldstrafe auf die Firma abzuwälzen, die sie an sich auch zu übernehmen bereit wäre. Aber ein solches Verfahren wäre mindestens nicht einwandfrei, da es leicht als „Begünstigung" (§ 257 StGB.), wenn ein (Verbrechen oder) Vergehen vorliegt, angesehen und bestraft werden könnte, und dann wäre auch eine von Seiten der Firma etwa eingegangene Verpflichtung, einen anderen in dieser Hinsicht schadlos zu halten, als gegen ein gesetzliches Verbot verstoßend zivilrechtlich ungültig (§ 134 BGB.).

Gegen eine in den kaufmännischen Büreaus allgemein geübte Sitte wendet sich eine andere Entscheidung. Niemand nimmt Anstoß daran, eine Stempelmarke, die man versehentlich auf einen Wechsel geklebt hat, wieder abzulösen und einem anderen Wechsel anzufügen. Das Reichsgericht aber ist anderer Meinung, wenigstens in dem Falle, wo die Marke auf einen noch nicht begebenen Wechsel in der Annahme, daß er begeben werden sollte, aufgeklebt und mit vorschriftsmäßigem Kassierungsvermerk versehen war, wo aber, weil es zur Begebung des Wechsels doch nicht kam, die Marke losgelöst und anderweitig verwendet wurde. Darin soll ein Vergehen gegen § 276 StGB.[1]) in Ideal-

---

[1]) § 276 StGB.: „Wer wissentlich schon einmal zu stempelpflichtigen Urkunden, Schriftstücken oder Formularen verwendetes Stempelpapier oder

konkurrenz mit dem Vergehen der Wechselstempelsteuerhinterziehung liegen. So sagt das Urteil vom 28. April 1904 (Entsch. i. Straff. Bd. 37 S. 152), und führt im einzelnen noch aus, daß tatsächlich derjenige, welcher auf den Wechsel die Stempelmarke aufklebt und kassiert, dadurch die Marke vorschriftsmäßig „verwendet" und damit seine gesetzliche Stempelpflicht diesem Wechsel gegenüber erfüllt. Durch die erfolgte Niederschrift des Datums der Verwendung habe aber die Stempelmarke allen anderen Wechseln gegenüber ihren Wert verloren, sie erscheine damit für diese entwertet, und daraus ergebe sich von selbst ihre fernere Unbrauchbarkeit für andere Wechsel, um so mehr als es infolge der bereits einmal erfolgten Verwendung und Kassierung der Stempelmarke unmöglich sei, bei der wiederholten Verwendung den bestehenden Vorschriften über die Art und Weise der Verwendung gerecht zu werden. Die entgegengesetzte Annahme würde der Umgehung des Gesetzes Tür und Tor öffnen. Gegen etwaigen Schaden könne man sich nur dadurch schützen, daß man die zu nicht begebenen Wechseln bereits verwendeten Stempelmarken bei den zuständigen Stellen umtausche.

Hier ist wirklich der Formalismus ins Extrem getrieben: sobald die Marke auf dem Wechsel ordnungsmäßig entwertet ist, ist die Steuerpflicht erfüllt, auch wenn sie noch garnicht zu erfüllen war. Nun soll aber der Umtausch der Marke zulässig sein, also der Abgabenbetrag als zu Unrecht entrichtet zurückerstattet werden können: ergo war doch gar keine Steuerpflicht gegeben und eine solche auch nicht „erfüllbar". Daraus geht aber zur Evidenz hervor, daß eine Benachteiligung fiskalischer Interessen, wie sie § 276 StGB. behandelt, nicht stattfinden konnte, und hiermit fällt auch der Vorwurf der Wechselstempelhinterziehung in sich selbst zusammen.

---

schon einmal verwendete Stempelmarken oder Stempelblankette . . . . zu stempelpflichtigen Schriftstücken verwendet, wird außer der Strafe, welche durch die Entziehung der Stempelsteuer begründet ist, mit Geldstrafe bis zu sechshundert Mark bestraft." Dieser Paragraph ist übrigens als ein Teil des WStplGes. selbst anzusehen, da er an die Stelle des früheren § 23 WStplGes. getreten ist. (Vgl. Seite 11.)

Mit der Motivierung, daß eine der seinigen entgegengesetzte Annahme der Umgehung des Gesetzes freien Spielraum ließe, betritt das Reichsgericht wieder einmal einen sehr schwankenden Boden. Es zeigt hier, wie des öfteren schon — es sei nur an seine Rechtsprechung in Börsensachen erinnert —, die Tendenz, seine Aufgabe zu verkennen und Gesetze zu machen anstatt sich auf deren Auslegung zu beschränken. Das ist aber einem Gesetz wie dem Wechselstempelgesetz gegenüber, das vom Formalismus beherrscht ist, am allerwenigsten angebracht. Bei diesem ist eine „Umgehung" kaum noch denkbar, und gegen einen wirklichen Verstoß gegen das Gesetz, wenn auch nur einen formellen, um so mehr gegen eine tatsächliche Hinterziehung wird, so lange es in seiner jetzigen Gestalt besteht, die teilweise drakonische Strenge seiner Bestimmungen zur Anwendung gebracht werden müssen. Diese sind mehr als ausreichend, um Zuwiderhandlungen zu ahnden. Freilich wird niemand gehängt, man hätte ihn denn zuvor, und grade in der Praxis des Wechselstempels ist die Gefahr, daß ein Schuldiger entschlüpft, sehr groß.[1]) Das nötigt aber noch lange nicht zu den Konsequenzen, die die Motivierung des Reichsgerichts ziehen will: die Rechtsprechung hat sich innerhalb der Grenzen des Gesetzes, das sie auszulegen berufen ist, zu halten, und beim Wechselstempelgesetz sind ja die Grenzen ohnehin schon so weit gesteckt!

Wenn aber das Reichsgericht sagt, die Marke werde nach der Kassierung für die Verwendung zu einem anderen Wechsel ungeeignet, weil hierbei die Vorschriften über die Entwertung von Marken nicht mehr beobachtet werden könnten, so ist das unter einer Voraussetzung zutreffend. Die Marke muß bekanntlich das Datum des Kassierungstages tragen;[2]) tut sie das nicht, dann liegt ein Vergehen gegen das Gesetz vor. Lag die Sache in unserem Falle so, dann war Verurteilung gerechtfertigt, aber nur aus dem Gesichtspunkte des Formalvergehens, nicht der vorsätzlichen Hinterziehung. Wenn also Verwendung der Marke auf dem alten Wechsel, Loslösung und Anbringen auf dem neuen — alles an demselben Tage sich vollzieht, so könnte

---

[1]) S. unten Seite 32.

[2]) S. oben Seite 16.

richtiger Beurteilung nach, nicht einmal von einem Formalvergehen die Rede sein.

Wenn wir von der soeben besprochenen Entscheidung behauptet haben, hier sei der Formalismus ins Extrem getrieben, so muß man von dem Urteil des Reichsgerichts vom 25. April 1899[1]) staunend sagen, daß es diesen Gipfel noch übersteigt. Es behandelt im ersten Teil eine hier nicht interessierende Frage, ob nämlich ein Wechsel als Transitwechsel[2]) Steuerfreiheit im Inlande auch dann beanspruchen dürfe, wenn fälschlicherweise ein Ort des Auslands als Ausstellungsort im Text genannt sei. Mit Recht wird diese Frage verneint, und nicht schlechthin die Schrift im Wechsel, sondern die Wirklichkeit für ausschlaggebend erklärt.[3]) Ein solcher Wechsel ist also steuerpflichtig, wenn man es ihm auch äußerlich nicht anmerken kann. Ein inländischer Erwerber aber muß natürlich an die Transitqualität glauben, grade weil der Wechsel unversteuert ist; eine andere Prüfung als aus dem Papiere selbst steht ihm ja nicht offen. Er muß ihn also für steuerfrei halten. Darauf kommt es aber nicht an, sagt das Reichsgericht: Der Wechsel ist steuerpflichtig, versteuert ist er nicht, der Erwerber hätte es also tun müssen, er hat es nicht getan, Formaldelikt, fünfzigfacher Betrag, Punktum! Daß beim Formaldelikt Vorsatz und Fahrlässigkeit gleich geachtet werden müssen, ist richtig. Aber auch das Formaldelikt schaltet eine der wichtigsten Bestimmungen des Strafrechts nicht aus, die des § 59 StGB., wonach dem, der bei Begehung einer strafbaren Handlung das Vorhandensein von Tatumständen nicht kannte, welche zum gesetzlichen Tatbestande gehören, diese Umstände nicht

---

[1]) Entsch. in Straff. Bd. 32 S. 130.

[2]) S. Seite 9.

[3]) Man begegnet in der Praxis einer großen Zahl von Wechseln dieser Art. Das rührt daher, daß der Akzeptant im Auslande ein bis auf die Ausstellerunterschrift vollständig ausgefülltes Formular an seinen inländischen Lieferanten sendet und bei der Niederschrift des Textes irrtümlich seinen statt des Lieferanten Wohnort als Ausstellungsort bezeichnet. Vgl. hierzu unseren Artikel „Aus der Praxis des Wechselverkehrs“ in Nr. 223 „Berl. Tagebl.“ vom 3. Mai 1906.

zuzurechnen sind. Man sollte meinen, daß die Anwendbarkeit dieser Gesetzesstelle außer Zweifel steht; die frühere Rechtsprechung war schwankend, sie hat sie bald bejaht, bald verneint.[1]) Die obige Entscheidung aber ist unseres Wissens die letzte Äußerung des Reichsgerichts zu der Frage, kennzeichnet also seinen momentanen Standpunkt. Ein wertvolles Material für unser fünftes Kapitel!

[1]) Vgl. Entsch. des Reichsger. Bd. 7 S. 240, des Obertribunals Bd. 16 S. 624 (Oppenhoff, Rechtsprechg.).

IV. Die Steuerbehörden.

Bei Beratung der ersten Novelle zum Reichsstempelgesetz im Reichstage im Mai 1904 wurde bekanntlich von börsengegnerischer Seite gegen die Bankiers der Vorwurf zahlreicher vorsätzlicher Verstöße gegen das Börsensteuergesetz erhoben. Dieser Vorwurf ließ sich indessen nicht aufrecht erhalten und mußte von derselben Seite, die ihn erhoben hatte, widerrufen werden. Es stellte sich heraus, daß Hinterziehungen so gut wie garnicht vorkommen und daß Verstöße, oder besser gesagt: Meinungsverschiedenheiten mit den Steuerbehörden nur auf Irrtum oder Zweifel über die vielfach sehr verwickelte Interpretation des Gesetzes zurückzuführen sind. Dabei ist noch hervorzuheben, daß die Meinungsverschiedenheiten mit den revidierenden Behörden in zahlreichen Fällen zu Prozessen führten, die durch drei Instanzen gingen und häufig genug vom Reichsgericht gegen den Steuerfiskus entschieden wurden. In Wirklichkeit gehen auch die Behörden, denen die Stempelrevisionen in Gemäßheit des Gesetzes obliegen, niemals davon aus, daß Hinterziehungen beabsichtigt sind, sondern sie beschränken sich auf Monita und deren gerichtliche oder außergerichtliche Austragung, und dies mit um so mehr Recht, als den davon betroffenen Kreisen aus der Gesetzgebung ganz ungeheuere Kosten und Lasten erstehen, deren Vermehrung in niemandes Interesse läge. Dieselbe Art des Verfahrens ist bei den Landessteuergesetzen (Urkundenstempel) zu beobachten. Es ist also von den sogen. kaufmännischen Steuergesetzen nur eins, das in der Praxis eine andere Behandlung erfährt — das Wechselstempelgesetz.

Wenn hier ein Stempelvergehen zur Kenntnis der zuständigen Steuerbehörde gelangt, so leitet sie das Strafverfahren ein, indem sie gegen den Beschuldigten einen Strafbescheid erläßt; will der Beschuldigte sich dem nicht fügen, so muß er auf gerichtliche Entscheidung antragen.[1]) Der Tätigkeit der Gerichte geht also jedesmal ein Einschreiten der Steuerbehörden voraus. Diese unterziehen sich nun ihrer Aufgabe so ernst und so rigoros, wie es das Gesetz verlangt. Aber verlangt denn das Gesetz wirklich, daß in jedem Falle ein Versehen mit der Strafe des fünfzigfachen Stempelbetrages geahndet wird? Nein, auch dieses strenge Gesetz läßt Billigkeitsrücksichten gelten; es existiert nämlich eine Vorschrift, auf die wir bisher noch nicht hingewiesen haben: § 18 spricht von der Strafmilderung und dem Erlaß der Strafe im Gnadenwege und verweist auf die Vorschriften, nach denen sich das Verfahren wegen Vergehen gegen die Zollgesetze bestimmt, wie es auch im Reichsstempelgesetz und dem preußischen Stempelsteuergesetz zu lesen ist. In dieser Hinsicht gilt in Preußen momentan das „Gesetz betreffend das Verwaltungsstrafverfahren bei Zuwiderhandlungen gegen die Zollgesetze usw." vom 26. Juli 1897 (GS. S. 237) in Verbindung mit dem „Allerhöchsten Erlaß betreffend die Übertragung von Strafniederschlagungs- und Strafmilderungsbefugnissen in Zoll- und Steuersachen" vom 26. September 1897 (GS. S. 402) und hieran wiederum anschließend: der „Allgemeinen Verfügung des Finanzministers betreffend die Weiterübertragung von Strafniederschlagungsbefugnissen usw." vom 6. Oktober 1897 (Abg.Ctr.Bl. S. 408). Die beiden letzteren Verfügungen geben den Verwaltungsbehörden in ungemein liberaler Weise Normen für die Behandlung von Strafsteuersachen. Sie ermächtigen sie u. a., Zuwiderhandlungen gegen die Gesetze „im Wege der Nachsicht" ganz auf sich beruhen zu lassen und geringere als die gesetzlichen Strafen festzusetzen (sic!). Die Verfügung des Finanzministers erwähnt in Nr. 7 speziell die Wechselstempelsachen und bestimmt, daß für diese der Bundesratsbeschluß vom 2. Juli 1873 maßgebend bleiben soll. In diesem wird ganz analog die Ermächtigung erteilt, Kleinigkeiten (bis zu 1 Taler) auf sich

[1]) StrPO. § 459 ff.

beruhen zu lassen, falls offenbar nur Versehen vorliegen und die Absicht der Steuerhinterziehung ausgeschlossen ist. Die Absicht, heißt es, sei hierbei hauptsächlich dahin gegangen, dem Übelstande zu begegnen, daß auch wegen der geringsten Inkorrektheit bei Ausführung der Markenkassation Prozeß eingeleitet und die Defraudationsstrafe verhängt würde, obgleich dies nach den obwaltenden Umständen als eine offenbare Härte von allen Seiten anerkannt werden müßte.

Danach zu schließen also, müßte ja die Handhabung des Gesetzes in der Praxis recht friedlich vor sich gehen. Aber wie sieht es damit in Wirklichkeit aus? „Nichts von Verträgen", nichts von Nachsicht! Starrer Formalismus, Strenge und Härte — das zeigen ja die den zahlreichen Gerichtsentscheidungen zu Grunde liegenden Tatbestände. Ob wohl der Geist der genannten Verordnungen die Steuerbehörde angeweht hat, welcher die weltbewegende Frage vorlag, ob die Stempelmarke neben dem Schnörkel einer darüber befindlichen Unterschrift oder unter diesem anzubringen sei?! Es scheint doch nicht, denn sie sah in der Art, wie die Marke aufgeklebt war, eine Gesetzesverletzung, der „Delinquent" widersprach natürlich, und so kam diese Lappalie vor das Reichsgericht![1]) Auch ein Beitrag zu dessen Überlastung!

Daß die Steuerbehörden sich so unversöhnlich zeigen, hat seinen Grund, wenn man ihn auch nicht gutheißen kann. Tatsache ist, daß überaus häufig — formell — gesetzwidrig gehandelt wird, und daß das Gesetz selbst fast den Anreiz dazu gibt; man denke z. B. an das Ablösen der Marken von einer unrichtigen und Anbringen an eine richtige Stelle, um die Vormänner zu salvieren. Ferner bedenke man, daß das Gesetz vom Wechselinhaber und vom Aussteller die Versteuerung spätestens in dem Moment verlangt, wo das Papier aus Händen gegeben wird, und daß kein Akzept (und kein Giro) datiert zu sein braucht. Der erste Empfänger eines unversteuerten Akzeptes kann also dreist nachträglich die vom Akzeptanten und auch vom Aussteller versäumte Stempelpflicht erfüllen, indem er die Marke — wenn es nur der Raum gestattet — an den Rand des Wechsels setzt und

---

[1]) Entsch. v. 3. Dezember 1894 (Jur. Woch.-Schr. 1895 S. 99).

mit einem Datum, das zwischen dem Tage des Empfangs und dem der Weiterbegebung liegt, versieht, ohne befürchten zu müssen, sich selbst oder einen anderen bereits straffällig Gewordenen in Ungelegenheiten zu bringen. Der Wechsel kann sogar in die Hände von Amtspersonen gelangen, zum Protest gehen usw., ohne daß ihm eine Stempelirregularität anzumerken ist. Wird auch eine Korrespondenz über den Gegenstand sowie Belastungsaufgabe über den Stempelbetrag vermieden, so können auch die revidierenden Steuerbehörden nicht dahinter kommen. Das aber hat deren Nervosität hervorgerufen: sie können die Schuldigen so häufig nicht fassen und halten sich darum, wenn es ihnen gelingt, auch an die, die der gesunde Menschenverstand Unschuldige nennen müßte. Darüber tat ein Steuerbeamter bei Gelegenheit einer Revision einen charakteristischen Ausspruch, indem er äußerte: „Wir müssen in den zur Entdeckung gebrachten Fällen unnachsichtlich vorgehen — als Ersatz für die vielen Kontraventionen, die nicht zu unserer Kenntnis gelangen." — „Wär der Gedank' nicht so verwünscht gescheit . . ." So also sieht die zur Anwendung zu bringende „Nachsicht" aus. Man kann aber nicht sagen, daß mit dieser Art der Handhabung ungesetzlich verfahren wird. Normativbestimmungen sind keine Gesetze, und Ermächtigung ist kein Zwang. Und wo sie selbst wirklich einmal befolgt werden, da geschieht es freiwillig — aus Gnade. Herrschen soll aber das Recht, und nicht die Gnade.

V. Die Reform.

Es drängt sich nun die Frage auf: Wie muß das Gesetz aussehen, um — ohne Gefährdung des Steuerinteresses — mit der Praxis in besserem Einklang zu stehen. Dazu ist Verschiedenes erforderlich:

I. Im Warenhandel betrachtet man den Wechsel anders als im Bankgeschäft. Hier ist er Selbstzweck, dort Mittel zum Zweck. Hier ist man daher mit den Finessen des Stempelrechts besser vertraut, dort weniger oder garnicht. Besonders der Kleinkaufmann und der Handwerker werden die Details des Steuerrechts niemals verdauen, haben dafür auch nicht Zeit und Sinn. So erscheint es unumgänglich, Vorsorge dahin zu treffen, daß unter diesen Dingen nicht die Kaufleute, die mit den Vorgenannten arbeiten, also die Lieferanten zu leiden haben. Sie wollen der Sorge enthoben sein, ihre Kunden der Bestrafung auszusetzen oder zu verlieren, aus Gründen, die mit dem Geschäft selbst nichts zu tun haben, und dieser Wunsch ist nicht mehr als berechtigt. Allein schon die Ausführungen der Potsdamer Handelskammer illustrieren den gegenwärtigen Zustand zur Genüge. Das dringendste Postulat muß also sein, daß dem Aussteller, oder falls dieser Ausländer, dem ersten inländischen Erwerber gestattet wird, unbeanstandet erst nach Einholung des Akzeptes zu versteuern, m. a. W.: **Der Akzeptant muß herausgelassen werden aus der Steuerpflicht.** Die Verpflichtung soll nur ruhen bleiben auf dem Aussteller bezw. dem Empfänger des Papiers. Wenn die Nürnberger Handelskammer[1]) hierzu bemerkt, daß die zu einer Änderung bestimmenden Gründe

[1]) Vgl. „Handel und Gewerbe" Nr. 4 v. 28. Oktober 1905 S. 75.

eigentlich nur bei Warenwechseln gegeben sind, so ist das wohl zutreffend; doch wäre es nicht angebracht, bei Wechseln von anderer Entstehungsart Ausnahmen zu statuieren und für Beibehaltung des jetzigen Modus zu plädieren. Finanzwechsel, Depotwechsel usw. sind keine gesetzestechnischen Bezeichnungen, und nicht immer würde zuverlässig die Grenze gezogen werden können. Die einzelnen Arten, die sich im Verkehr herausgebildet haben, erfahren ja auch in materiellrechtlicher Beziehung keine verschiedenartige Behandlung; somit wäre auch in steuerrechtlicher Beziehung eine Scheidung nicht angebracht.

Eine Gesetzesänderung müßte an dieser Stelle um so leichter durchführbar sein, als der Akzeptant — der Bestimmung in § 5 zum Trotz — wenigstens dem Sprachgebrauch nach nicht „Teilnehmer am Umlauf" ist. Denn um ein Papier in Umlauf setzen zu können, muß man ein Recht an ihm haben; der Akzeptant aber ist der einzige Wechselbeteiligte, der von vornherein nur verpflichtet wird. Um diesem Gedanken Raum zu geben, bedürfte es also der Streichung dieses Passus in § 5, ferner des § 7 bis auf den ersten Satz und des ganzen § 16.

Dann erst würde der Aussteller eines Warenwechsels von der Befugnis des § 7 Absatz 1 auch wirklich profitieren können. Diese Befugnis, den Wechsel unversteuert zum Akzept herauszugeben, hängt doch damit zusammen, daß man vorher nicht wissen kann, ob akzeptiert werden wird oder nicht; wäre der Wechsel versteuert hinausgegangen und käme unakzeptiert zurück, so wäre der Stempel nutzlos verwendet, es müßte Rückerstattung beantragt werden, das erfordert aber Zeit und Mühe, die man solcher Arbeit nicht widmen kann. Man wird aber zu diesen Unbequemlichkeiten förmlich gedrängt, weil der Bezogene, wenn er akzeptiert, gewohnheitsmäßig das Stempeln vergißt. Davon soll er nun gesetzlich befreit bleiben — aus Rücksicht auf den Aussteller, dem sonst das Geschäft empfindlich gestört werden kann. Das Steuerinteresse würde dadurch in keiner Weise gefährdet werden, denn die Stempelkosten trägt jetzt schon der Regel nach der Aussteller.

Weiterhin würde der Wegfall des § 16 eine der verfehltesten Vorschriften aus dem ganzen Gesetze verschwinden lassen. „Der Akzeptant eines gezogenen Wechsels kann daraus, daß der Wechsel zur Zeit der Annahmeerklärung bezw. der Aushändigung mangelhaft gewesen sei, keinen Einwand gegen die gesetzlichen Folgen der Nichtversteuerung desselben entnehmen." Es wird davon ausgegangen, daß, wo kein „Wechsel" im technischen Sinne vorliegt, auch kein Wechselstempel zu entrichten ist. Ein „Wechsel" liegt aber nicht vor, wenn einem Schriftstück auch nur eins der wesentlichen Erfordernisse[1]) eines solchen fehlt. Einer der Hauptfälle ist nun das Fehlen der Aussteller-Unterschrift. Wer also sein Akzept in blanco an seinen Lieferanten schickt, damit es dieser durch seine Unterschrift als Aussteller vervollständigt, hat im Moment der Übersendung noch keine gesetzliche Steuerpflicht zu erfüllen. Die hat er erst zu erfüllen — wenn er sie garnicht mehr erfüllen kann, wenn nämlich der Aussteller seinen Namen draufsetzt, also zu einer Zeit, wo das Papier seinem (des Akzeptanten) Machtbereich schon entzogen ist. Das bedeutet nichts anderes als: der Aussteller hat es in seiner Hand, den Akzeptanten straffällig zu machen oder nicht. Würde also ein Wechsel vor der Vervollständigung an den Akzeptanten zurückgehen, etwa um gegen andere Rimesse umgetauscht zu werden, so bliebe der Akzeptant straffrei,[2]) in allen übrigen Fällen aber, wo aus dem Akzept späterhin ein regulärer „Wechsel" entsteht, begeht der Akzeptant das Hinterziehungs-Delikt, sobald die Aussteller-Unterschrift vollzogen wird, und das selbst dann, wenn der Aussteller bei der Ausfüllung den Stempel verwendet. Diese Konstruktion liest man nicht nur aus dem Gesetze heraus, sondern auch zahlreiche Entscheidungen der höheren Instanzen aus älterer und jüngerer Zeit haben den § 16 in dieser Weise interpretiert.[3]) Diese Konstruktion aber ist ein strafrechtliches Unding: entweder eine Handlungsweise ist strafbar oder sie ist es nicht, aber ihre Strafbarkeit abhängig zu machen von

---

[1]) Art. 4 u. 7 der Wechsel-Ordnung.

[2]) In solchem Falle bliebe unseres Erachtens auch der Aussteller trotz des „Aus-Händen-Gebens" von civil- und strafrechtlicher Haftung befreit, da auch er sich auf die „Mangelhaftigkeit" berufen dürfte.

[3]) Vgl. z. B. Entsch. des Obertribunals vom 10. Dezember 1875 (Goltdammer, Archiv f. Strafr. Bd. 23 S. 563), RGer.-Entsch. in Straff. Bd. 37 S. 374 ff.

dem Verhalten eines Dritten — das ist etwas, was noch keine Strafrechtstheorie in den Kreis ihrer Betrachtungen gezogen hat. Das Gesetz mag den Steueranspruch vor Umgehung durch den Einwand der „Mangelhaftigkeit" eines Wechsels schützen; er ist aber jetzt bereits geschützt durch die Tatsache, daß weder Aussteller noch irgend ein Erwerber der Stempelpflicht durch den Hinweis auf einen „Mangel" entgehen können (die Sondervorschrift gilt ja nur für den Akzeptanten). In Wirklichkeit läuft denn auch die Vorschrift des § 16 auf eine Verpflichtung des Akzeptanten, immer sofort zu versteuern, hinaus — und diese gilt es eben zu beseitigen.

II. Die wichtigste Reform, der das Gesetz sonst zu unterwerfen wäre, ist der Bruch mit dem Prinzip des Formaldelikts. § 15 des Gesetzes, der bestimmt, daß die Nichterfüllung der Verpflichtung zur Entrichtung der Stempelabgabe mit dem fünfzigfachen Betrage bestraft wird, muß einen den anderen Steuergesetzen zu entlehnenden Zusatz erhalten, des Inhalts:

> **„Wenn aus den Umständen sich ergibt, daß eine Steuerhinterziehung nicht hat verübt werden können oder nicht beabsichtigt worden ist, so tritt statt der genannten Geldstrafen eine Ordnungsstrafe bis zu . . . M. ein."**

Dies würde der Wechselstempelstrafe endlich ihren das Rechtsgefühl beleidigenden Charakter nehmen. Die Einführung des Prinzips würde — das kann man voraussagen — lehren, daß das, was beim Reichsstempelgesetz ohne Gefährdung des fiskalischen Interesses möglich ist, beim Wechselstempelgesetz womöglich noch geringeren Schwierigkeiten begegnen würde. Es ist doch davon auszugehen, daß in kaufmännischen Kreisen wissentlich Steuerverpflichtungen nicht verletzt werden; die sehr geringfügigen Ausnahmen von Unehrlichkeit bestätigen die Regel. Die Gefahr eines Mißbrauchs ist aber an sich beim Reichsstempelgesetz bedeutend größer, hier existiert nicht die eventuelle sehr große Zahl von Beteiligten, durch deren Hände das Papier wandert, wo also jeder spätere Erwerber den früheren auf Unredlichkeiten zu kontrollieren in der Lage ist. Beim Schlußnotenstempel sind jedesmal nur zwei Personen im Spiel (eventl. noch der Vermittler) und häufig sogar nur eine, z. B. bei den sogen. Ergänzungsscheinen,[1]) oder wenn der eine Kontrahent im Auslande wohnt.[2]) Trotz der mangelnden Kontrolle aber ist von einer Benachteiligung fiskalischer Rechte keine Rede; die Ehrlichkeit des Kaufmanns gewährt eben auch hier völlig hinreichenden Schutz.

Inwiefern nach Durchbrechung des Formalitätsprinzips noch die Änderung der Bestimmungen über die Markenverwendung notwendig sein sollte, darüber läßt sich streiten. An sich wäre ja deren zeitgemäße Umgestaltung ein Segen. Schon im Jahre 1879 wurde auf einen Beschluß des Reichstags[3]) der Reichskanzler ersucht, eine Vereinfachung der Bundesratsvorschriften über die Art und Weise der Markenverwendung in Erwägung zu ziehen — mit dem Erfolge, daß heute noch die ältesten Vorschriften, die von jeher dem größten Widerspruch begegneten, in Geltung sind. Die Handelskammer Nürnberg glaubt aber die Forderung nicht vertreten zu sollen, hauptsächlich, „weil die Vorschriften zur Sicherung des Steuerrechts derart lauten müssen, daß aus den Urkunden selbst zu ersehen ist, ob eine Stempelhinterziehung begangen ist und von wem.“[4]) Das ist insofern nicht richtig, als auch unter dem geltenden Recht Unregelmäßigkeiten in zahlreichen Fällen aus der Urkunde selbst nicht ersehen werden können.[5]) Nun meint die Handelskammer Nürnberg, die Ordnungsstrafe, die u. a. wegen formwidriger Kassierung des Stempels eintreten würde, könnte nur die Personen treffen, die sich selbst der Übertretungen der Formvorschriften schuldig gemacht haben, nicht aber, wie jetzt, auch sämtliche Nachmänner. Denn die letzteren seien garnicht einmal befugt, den von ihrem Vormann gemachten Fehler zu verbessern, und machten sich daher keiner Ordnungswidrigkeit schuldig, wenn sie das unterließen. Von einer Hinterziehung oder einer Beteiligung daran könne aber, nach Aufgabe des jetzigen formalen Standpunktes, gewiß nicht die Rede

[1]) RStplGes. § 12 und Ausführungsbestimmungen.

[2]) Ebenda Ausführungs-Bestimmungen Nr. 32.

[3]) Stenogr.Reichts.Ber. 1879 S. 839 ff.

[4]) Vgl. „Handel und Gewerbe“ Nr. 4 v. 28. Oktober 1905 S. 75.

[5]) Vgl. oben S. 31 f.

sein, wenn sie einen Wechsel weitergäben, für den dem Staate die schuldige Abgabe, freilich ohne Erfüllung der vorgeschriebenen Form, wirklich bezahlt sei. — Für selbstverständlich möchten wir nun, auch nach Einführung der Ordnungsstrafe, die Straffreiheit der „Nachmänner“ nicht halten, aber wenn das reformierte Gesetz sie ausdrücklich aussprechen würde, so wäre das schon ein Riesenfortschritt. Wir sind nun der Meinung, es lassen sich wohl Fälle denken, wo gegen die Festsetzung einer Ordnungsstrafe wegen grober Fahrlässigkeit nichts einzuwenden wäre: für die Außerachtlassung der subtilen Formvorschriften über die Markenverwendung aber ist eigentlich selbst die Ordnungsstrafe noch zu viel. Hier könnte man sich ruhig darauf beschränken, den Stempel als nicht verwendet (aber nicht etwa als hinterzogen) anzusehen, und für seine nochmalige Entrichtung alle „Teilnehmer am Umlauf“ solidarisch haften zu lassen, denn ganz entbehrlich sind, wie anzuerkennen ist, ohne Gefährdung des Steuerinteresses, die Formvorschriften leider nicht. Nur unter einer Bedingung könnte die Ordnungsstrafe auch für solche Vergehen bestehen, wenn sie nämlich — nicht zur Anwendung käme. Im Gebiete des Reichsstempelgesetzes sind die Steuerbehörden verschiedentlich durch Finanzministerial-Erlaß[1]) auf ihre Befugnis zur Unterlassung jeglicher Verfolgung bei Zuwiderhandlungen, die lediglich mit einer Ordnungsstrafe zu ahnden wären, hingewiesen worden. Die guten Früchte sind nicht ausgeblieben, denn seit Bestehen des Reichsstempelgesetzes sind kaum zweimal Ordnungsstrafen verhängt worden (Defraudationsstrafen unseres Wissens garnicht!). In den beteiligten Kreisen ist man längst gewöhnt, dieses Verfahren selbstverständlich zu finden und als Recht, nicht als Gnade zu betrachten. Die gleiche Befugnis steht auch jetzt schon den Behörden, die den Wechselstempel beaufsichtigen, zu;[2]) doch fehlt ihnen offenbar noch das richtige Verständnis dafür.[3]) Vielleicht käme dieses mit der bloßen Einführung des Prinzips der Ordnungsstrafe,

---

[1]) So FinMinErl. v. 9. März 1887 (III 2436), v. 31. Oktober 1881 (III 13431).

[2]) Es ist interessant, daß das Reichsstempelgesetz (§ 46) in dieser Beziehung auf das Wechselstempelgesetz zurückverweist; wir müssen hier das Umgekehrte tun!

[3]) Vgl. oben S. 32.

auch wäre dann wiederholte Einschärfung der Ermächtigung zur Strafniederschlagung angebracht. Der Versuch sollte in dieser Form jedenfalls einmal unternommen werden; das Weitere müßte die Erfahrung lehren.

III. Die folgenden Punkte, in denen das Gesetz der Abänderung zu unterwerfen wäre, beruhen auf der oben näher gekennzeichneten Rechtsprechung des Reichsgerichts. Es ist eine Tatsache, daß das Reichsgericht in gewissen prinzipiellen Fragen seine Theorien nicht aufgibt, und sollten sie in Wissenschaft und Praxis noch so eindringlich bekämpft werden. Eher besteht noch in der Gesetzgebung die Neigung, oberinstanzliche Dogmen zu kodifizieren.[1]) Einem eingefleischten Mißverständnis der Judikatur gegenüber hilft nur eine Gesetzesänderung oder -Klärung. So auch gegenüber der Auffassung, daß für die Nichtversteuerung eines von einer Aktiengesellschaft erworbenen und demnächst aus den Händen gegebenen Wechsels alle Vorstandsmitglieder strafrechtlich verantwortlich sind, auch wenn sie persönlich an der Weiterbegebung des Wechsels nicht beteiligt gewesen sind. Wir haben gezeigt, zu welchen unmöglichen Konsequenzen diese Auffassung führt. Die Praxis der (Steuerbehörden und der) Rechtsprechung hat diese merkwürdige Auslegung nicht nach, sondern neben dem Gesetze geschaffen. Das gilt sowohl von der Unterzeichnung einer Wechselerklärung durch Mehrere bei Privatfirmen, wie von der Haftbarkeit von Vorstandsmitgliedern. Um diesem Übelstande, der Bestrafung ganz Unbeteiligter, zu begegnen, muß also das Gesetz eine Modifikation erfahren. Am rationellsten geschähe dies durch einen durchgreifenden Wandel auf dem Gebiete der Strafrechtspflege im allgemeinen, der mithin eventl. auch anderen Gesetzen zu Gute kommen könnte. Es würde sich darum handeln, mit einer Theorie zu brechen, die darin besteht, daß deliktsfähig nur physische Personen sein können, aber nicht Gesellschaften. Diese Theorie, die heute unter den Auspizien des Reichsgerichts die gesamte Rechtsprechung, aber auch zum Teil die Gesetzgebung beherrscht, hat bereits viele Gegner,[2]) und man muß

---

[1]) Vgl. Begründung des Entwurfs betr. Änderung des Börsengesetzes (Carl Heymanns Verlag) S. 13.

[2]) Vgl. v. Liszt, Strafrecht, 10. Aufl. § 27.

sagen, auf keinem Gebiete wäre ihre Zulassung berechtigter als auf dem der Steuergesetze.[1]) Das gilt also nicht allein von Verstößen gegen das Wechselstempel-, sondern auch gegen die anderen Stempelgesetze, deren Handhabung durch Behörden und Gerichte etwas friedlicher vor sich geht, und die im übrigen Bestimmungen darüber enthalten, wie gegen Gesellschaften zu verfahren ist. Wir würden es für einen großen Fortschritt halten, wenn das Prinzip in Theorie und Praxis Eingang fände. Aber die Aussicht dazu ist nicht groß. Darum muß etwas anderes helfen, und das ist wiederum eine Anlehnung an die anderen kaufmännischen Steuergesetze. So lange nur physische Personen bestraft werden können, soll die Strafe wenigstens so wenig Unschuldige wie möglich treffen. Diese Forderung würde ein dem § 15 des Gesetzes zu gebender Zusatz erfüllen, des Inhalts:

> **„Die auf Grund des Gesetzes zu verhängenden Strafen sind bei Genossenschaften, Aktiengesellschaften und anderen rechtsfähigen Vereinen gegen die Vorstandsmitglieder, bei Kommanditgesellschaften gegen die persönlich haftenden Gesellschafter, bei offenen Handelsgesellschaften gegen die Gesellschafter, bei Gesellschaften mit beschränkter Haftung gegen die Geschäftsführer, bei Gewerkschaften gegen die Repräsentanten oder Grubenvorstände, bei sonstigen Handelsfirmen gegen den Geschäftsinhaber nur im einmaligen Betrage, jedoch unter Haftbarkeit jedes Einzelnen als Gesamtschuldner festzusetzen."**[2])

---

[1]) Was sonst noch für Gesetze dieser Theorie Raum bieten würden, soll hier unerörtert bleiben. Doch mag hervorgehoben werden, daß davon niemals Delikte berührt werden könnten, die der Vorstand einer Gesellschaft in der Ausübung seiner Funktionen wirklich begeht. Das aber ist der Fall des § 244 KonkOrdn., der §§ 312–315 HGB., des § 12 DepotGes. und selbst des § 319 HGB., der zwar nur von Ordnungsstrafen handelt, aber doch anderseits nur von Verletzungen von Verpflichtungen spricht, die dem Vorstand gesetzlich auferlegt sind. Im übrigen ist die ganze Theorie ja nur bei Delikten, die mit Geldstrafe zu ahnden sind, denkbar, da man eine Gesellschaft nicht ins Gefängnis setzen kann usw.

[2]) Vgl. RStplGes. § 45, Preuß. StplStGes. § 17, Abs. 6.

Die Handelskammer in Nürnberg, die diesen unseren schon im Februar 1905[1]) gemachten Vorschlag aufgenommen und vor den Deutschen Handelstag gebracht hat,[2]) erklärte, seine Annahme wäre jedenfalls schon als ein wesentlicher Vorteil zu begrüßen. Aber, fährt sie fort, es scheine richtiger zu sein, daß als strafbar lediglich die Person angesehen werde, die, wenn auch nur in Vertretung der Firma, den Wechsel gezeichnet habe. Daneben sollte nur noch eine zivilrechtliche Haftung eintreten. Aber auch diese sollte nicht dem Vertretenen als solchem oder den Gesellschaftern als Einzelpersonen bezw. den Vorstandsmitgliedern einer Aktiengesellschaft, sondern der Firma auferlegt werden. Die genannten Personen hätten sich ja selbst eines Vergehens nicht schuldig gemacht. Es handle sich vielmehr lediglich darum, dem Staate eine akzessorische Sicherheit für den Eingang der Strafe zu verschaffen, und dazu genüge es, die Firma für haftbar zu erklären.

Was den ersten Teil dieses Antrags betrifft, so haben wir oben[3]) gezeigt, daß eine strafrechtliche Verantwortlichkeit von Personen, die den Wechsel unterzeichnen, in der Regel die Allerunschuldigsten treffen würde. Eine solche Verantwortlichkeit entspricht zwar dem heutigen Rechtszustand, wie ihn die Rechtsprechung geschaffen, ist aber gänzlich verfehlt, noch verfehlter wäre also, ihn gesetzlich festlegen zu wollen. Die Leitung der Firma begeht als solche das Formaldelikt.[4]) Auf den Prokuristen oder Bevollmächtigten, die nur ihre Unterschriften geben, in gleicher Weise die Konstruktion des Formaldelikts auszudehnen, dazu fehlt es an jeglicher Handhabe. Die Handelskammer Nürnberg kann aber nicht ernstlich die Bestrafung von Personen verlangen, die — nach ihren eigenen Worten — „sich selbst irgend eines Vergehens nicht schuldig gemacht hätten!“ Die Bestrafung derer, „die den Wechsel gezeichnet haben“, ist schon deshalb nicht zu vertreten, weil ja nicht jeder Wechsel gezeichnet zu werden braucht. Man denke nur an

---

1) „Berl. Tagebl.“ Nr. 94.

2) „Handel und Gewerbe“ cit. S. 75.

3) Seite 23.

4) § 11 des Ges. sagt: „der Inhaber des Wechsels ist verpflichtet ...“

die Blanko-Indossamente: der Blanko-Indossatar, der das Giro nicht ausfüllt, kann zwar mit dem Wechselregreß nicht in Anspruch genommen werden, aber die Steuerpflicht bleibt dennoch auf ihm lasten; denn auch er ist „Teilnehmer am Umlauf", — „ohne Unterschied ob der Name oder die Firma auf den Wechsel gesetzt wird oder nicht" (§ 5 des Ges.). Wen würde denn Nürnberg in solchen Fällen bestraft sehen wollen?

Im zweiten Teile des Antrages wird die Geldstrafe in eigenartiger Weise mit ihrer Eintreibung in Verbindung gebracht. Der Anspruch des Fiskus auf die Steuerstrafe ähnelt zwar außerordentlich dem Anspruch auf die Steuer selbst, aber sie ist und bleibt juristisch doch Strafe. Für deren Entrichtung haftet der, den das Gesetz als Schuldigen bezeichnet, selbst und ausschließlich. Eine Quasi-Bürgschaft für den Eingang des Geldes wäre ein kriminelles Novum und bei der heutigen Strafgesetzgebung nicht unbedenklich. Hier soll gestattet sein, was in zahlreichen gleichartigen Fällen strafbare Begünstigung wäre![1]) Dem Finder dieses Gedankens hat jedenfalls die in älteren und neueren Zoll- und Steuergesetzen statuierte subsidiarische Vertretungsverbindlichkeit der Gewerbetreibenden gegenüber den von ihren Gehilfen begangenen Steuervergehen vorgeschwebt. Sie ist aber etwas in der Strafgesetzgebung einzig dastehendes und von dem, was Nürnberg will, grundverschieden. Die Bestrafung von Gehilfen setzt nämlich ein eigenes selbständiges Delikt auf deren Seite voraus, was schon daraus zu ersehen ist, daß gegen sie verhängte Geldstrafen im Unvermögensfalle in Freiheitsstrafen umgewandelt werden können. Aber auch die subsidiäre Haftung der Chefs (natürlich nur für den Geldbetrag) tritt nur ein, wenn auch ihnen dabei ein Verschulden zur Last fällt, entweder weil das Vergehen mit ihrem Wissen verübt worden ist oder weil sie bei Auswahl, Anstellung, Beaufsichtigung der Gehilfen nicht mit der erforderlichen Sorgfalt zu Werke gegangen sind. (Vgl. z. B. Vereinszollgesetz vom 1. Juli 1869, Tabaksteuergesetz vom 16. Juli 1879, Zuckersteuergesetz vom 27. Mai 1896 usw.). Von all diesen Dingen ist beim Wechselstempel keine Rede.

---

[1]) Vgl. oben S. 24.

Es scheint, als hätte die Handelskammer Nürnberg mit ihrem Antrage auf Umwegen die Deliktsfähigkeit der „Firma" im Sinne unserer Idee erstrebt. Sehr löblich, aber der beschrittene Weg führt doch nicht zum Ziel, denn die „Schuldigen" bleiben doch immerhin die Unterzeichner, und zwar sind es doch in der überwiegenden Mehrzahl der Fälle zwei, da die Kollektivvertretung die Regel bildet. Die mehrfache Bestrafung derselben Firma wollen wir aber grade vermieden wissen. Das ist aber vor der Hand nur mit unserem Vorschlage zu erreichen: die Strafe gegen die einzelnen Geschäftsinhaber, Vorstandsmitglieder usw. festzusetzen, aber nur im einmaligen Betrage zu erheben.

IV. Ob nach Durchsetzung der Reformen die Rechtsprechung sich den veränderten Verhältnissen in allen Beziehungen anpassen würde, ist noch sehr fraglich. Ohne diese Assimilation wäre aber das Werk nicht vollendet. Darum muß man die Verwendung von Tendenzen, die noch vom Formalismus beherrscht sind, a priori unmöglich machen. Das Steuerstrafrecht ist ein Sonderstrafrecht, wie es deren auf vielen Rechtsgebieten gibt; jedes Sonderstrafrecht aber steht unter den allgemeinen strafrechtlichen Normen des Deutschen Reichs-Strafgesetzbuchs, sofern nicht das Spezialgesetz besondere Bestimmungen in dieser Hinsicht trifft. Das ist beim Wechselstempel z. B. in Bezug auf die Verjährung (§ 17) und das Verbot der Umwandlung der Geld- in Freiheitsstrafen (§ 15 Abs. 3) der Fall. Alle anderen Normen aber müssen, soweit sie überhaupt verwertbar sind, zur Anwendung kommen. Das gilt aber nicht am wenigsten von den Strafausschließungsgründen, als da sind: Unzurechnungsfähigkeit (StGB. § 51), äußerer Zwang (§ 52), Minderjährigkeit (§ 55) und die Unkenntnis von Tatumständen, die zum gesetzlichen Tatbestande gehören (§ 59). Grade diese hat das Reichsgericht nicht anerkannt,[1]) und so könnte es auch geschehen, daß es, im Banne des Formalismus, auch die anderen Gründe nicht anerkennt. Wenn aber speziell die Unkenntnis von Tatumständen, die nicht einmal durch Fahrlässigkeit verschuldet zu sein braucht, nicht mehr Straffreiheit zu garantieren vermag, — wenn also etwa ein Nachmann bestraft werden kann, weil ein Vormann eine

[1]) Siehe oben S. 27 f.

äußerlich ganz ordnungsmäßige Stempelmarke mit einem Datum kassiert hat, das nicht dem Verwendungstage entsprach oder dergl., dann hört überhaupt jede Rechtssicherheit im Verkehr auf! Verantwortlich kann man doch nicht für das sein, was man ohne jede Schuld weder sehen noch wissen kann — ebenso wenig, wie jemand verurteilt wird, der nachweislich in der festen Überzeugung, sein Eigentum an sich zu nehmen, eine fremde Sache sich angeeignet hat! Die allgemeinen Normen des Strafgesetzbuchs müssen also Teil des Wechselstempelgesetzes werden, und da zu befürchten ist, daß die Judikatur sie nicht dazu macht, so muß es der Gesetzgeber tun. Eine bezügliche Vorschrift müßte — als Zusatz zu § 15 WStplGes. — lauten:

„Die Vorschriften der §§ 1—79 des Deutschen Reichsstrafgesetzbuchs finden, soweit nicht dieses Gesetz ein anderes bestimmt, entsprechende Anwendung.“

Man wende nicht ein, daß auch die anderen Sonderstrafrechte nichts derartiges enthalten; dort liegen die Verhältnisse anders, und die sinngemäße Anwendung begegnet bei ihnen in der Praxis keinen Zweifeln. Ob sich die Einfügung auch bei den anderen Steuerstrafrechten verlohnen würde, ist eine andere Frage; doch muß deren Prüfung an dieser Stelle unterbleiben.

Schlußbemerkung.

Auch das deutsche Rechtsleben steht im Zeichen des Verkehrs. Handel, Verkehr und Fortschritt, diese drei „Unzertrennlichen", sie alimentieren alles Bestehende, und das Rechtsleben nicht am wenigsten. Der Fortschritt ist die natürliche Entwickelung der Menschheit, denn er ist ein Kind der Kultur. In unserem an kulturellen Erzeugnissen so reichen Zeitalter feiert aber der Fortschritt leider nicht auf allen Gebieten die gleichen Triumphe. Nicht immer stürzt das Alte, Baufällige, um neues Leben aus den Ruinen erblühen zu lassen, nein, nur allzu oft wird es künstlich aufrecht erhalten und vor Vermoderung geschützt. Grade die Rechtssphären des Handels werden davon in hohem Maße betroffen; zu seinem Nachteil läßt man nicht nur Veraltetes bestehen, sondern schafft sogar neue Institutionen, die schon bei ihrer Geburt mit dem Keime des Todes behaftet sind, und das beweist immer von neuem, wie gering noch das Verständnis für die Stellung des Kaufmanns in der Weltwirtschaft ist.

Wenn wir uns in diesem Werkchen mit einem von den kaufmännischen Gesetzen (wie wir es nennen wollen) beschäftigt und es unternommen haben, seine Reformbedürftigkeit nachzuweisen, so hat uns auch hierbei die Empfindung beseelt, daß ein Guß aus veralteten Theorien und moderner Praxis zusammen keinen guten Klang gibt, und daß der Mißklang schon allzu deutlich an Aller Ohr gedrungen ist. Die Prinzipien, auf denen das Wechselstempelgesetz aufgebaut ist, sind nicht mehr zu halten. Es ist eines der ältesten deutschen Gesetze.

Wohl möglich, daß man in jener Zeit glaubte, die Erfüllung der Abgabenpflicht nur in der rigorosesten Weise sichern zu können.[1]) Tatsache ist, daß solche Theorien heute überlebt sind. Man straft heute nur noch, wo ein wirkliches Delikt begangen ist. Aber die Formenstrenge an sich gehört in das Strafrecht so wenig hinein wie in ein anderes Rechtsgebiet. Im Zivilrecht hat der moderne Gesetzgeber den Riesenschritt vorwärts getan, die alten Schranken mit der Gebundenheit des Rechtes an die Form sind gefallen, Formfreiheit heißt die Losung, die Ausnahmen sind verschwindend klein und entspringen besonderen Rücksichten. Die freiheitliche Entwicklung hat sich zur Anerkennung dieses hochwichtigen Prinzips durchgerungen: keine Formalität mehr und kein zivilrechtlicher Nachteil für ihre Nichtbeobachtung! Aber bis zur Befreiung von strafrechtlichen Nachteilen ist diese Entwicklung noch nicht gedrungen. Da sehen wir noch hinter der „Form" den Mann im grünen Rock und hinter diesen noch einen — den Staatsanwalt! Wie reimt sich das? Garnicht, aber der Fortschritt wird sich auch dieses Gebiet erobern; wir zweifeln nicht im entferntesten daran.

Natürlich dürfen uns die bezüglichen Situationen in außerdeutschen Ländern nicht entgegengehalten werden; sie mögen auch unerfreulich und teilweise vielleicht noch unerfreulicher als in Deutschland sein.[2])

---

[1]) Die Abschreckungstheorie blickt tatsächlich aus den „Motiven" zum Gesetze (zu § 15) heraus.

[2]) Der Stempelbetrag stellt sich in den meisten Ländern auf ca. $^1/_2$‰ der Wechselsumme, wie in Deutschland, steigt aber auch bis zu 1‰ und ein wenig darüber. In zahlreichen Gesetzen existiert auch der Checkstempel (in Deutschland bekanntlich nicht). Montenegro, Gibraltar und einzelne Schweizer Kantone sind die glücklichen — ohne jeden Wechsel- oder Checkstempel; in Finnland sind nur die Papiere stempelpflichtig, für welche die Behörden in Anspruch genommen werden (Klagen, Konkurs). Die Strafen sind teils sehr hoch, teils sehr niedrig; sie schwanken zwischen dem zehnfachen Betrage des Stempels bis zum hundertzwanzigfachen (Italien) und gar 10% der Wechselsumme, d. h. etwa den zweihundertfachen Stempel (Belgien)! Außerdem existieren Fix- und Minimalstrafen. Vielfach ist aber bestimmt, daß die Straffumme nur einmal entrichtet wird, entweder von dem Schuldigen oder durch Regreß gegen ihn. Auch begegnet man der Vor-

Das eine entschuldigt ja nicht das andere, und ein Jeder kehre vor seiner eigenen Tür, Deutschland aber in der Welt voran!

Das Wort hat jetzt der Gesetzgeber.

Quod felix faustumque sit!

---

schrift, daß unrichtig gestempelte Papiere erst nach Zahlung der Geldstrafe protestfähig und zivilrechtlich gültig werden, und sogar daß sie es überhaupt nicht mehr werden können (Spanien, teilweise auch Griechenland). In Amerika sind Stempelvergehen auch mit Gefängnis bedroht.

Druck von Otto Walter, Berlin S. 14

Kolibri 360 GmbH
Ferdinand-Jühlke-Straße 7
99095 Erfurt, Deutschland
produktsicherheit@kolibri360.de